まるごと ハロウィン

コダシマ アコ
写真　みやづ かなえ

かもがわ出版

もくじ

なんてったって、へんしん！ 4

かぼちゃおばけ 6
ブラックスパイダー 8
ふわふわ天使 10
バットボーイ 12
まじょガール 14
黒ねこにゃーご 16
まっしろおばけ 18
かいぞくアイテム 19
くものすガール 20
バンパイヤ（吸血鬼） 22
ほねほねスケルトン 24
みんなでおばけ 25
あたまかざり 26
フェイスペイント 28

ハロウィン・パーティー！ 30

テーブルデザイン！ 32
テーブルアクセサリー 34
　こうもりピック
　マフィンカップ
　キラキラピック
ハロウィンパッケージ 36
　こうもりさんパッケージ
　くもさんパッケージ
いれものでグー！ 38
　かぼちゃパッケージ
　まじょのほうきパッケージ
　ストローにハロウィンマーク
　コップにハロウィンマーク

ハロウィンとは

ハロウィンは、古代ケルト人が起源とされるお祭りのことで、毎年、11月1日の万聖節の前夜祭として10月31日に行われます。もともとは秋の収穫を祝い悪霊を追い払う宗教的行事であったといわれています。これがアメリカに伝わり、子どもがお菓子をもらって歩くイベントとして広まりました。最近、日本でも、若者たちのあいだで仮装が人気を呼び、幼児・親子にも広まっています。宗教的な意味合いは消え、まちや地域でのイベントもさかんになっています。

おへやをかざろう！ 40

- ウェルカムBOO！ 41
- くものすみか 42
- こうもりのすみか 43
- ハロウィンフラッグ 44
- ピンポンガーランド 45
- ゆらゆらおばけ 46
- びんライト 47

おやつクッキング！ 48

- スイートパンプキン 50
- デコプリン 51
- ハロウィンバーガー 52
- プチサンド／おばけチップス 53
- マシュマロおばけ／ハロウィンマフィン 54
- かぼちゃシュー 55

みんなであそぼう ハロウィンゲーム 56

- ふうせんキャッチ！ 56
- ハロウィンレース！ 57
- ハロウィンおにごっこ 58
- おかしバッグをもってまちへでかけよう！ 59
- バケツバッグ／フェルトバッグ 59

おかしラリー＆パレード ハッピーハロウィン！ 60

- かた紙 62

つくるときのきほんセット
はさみ、メジャー、じょうぎ、はり、いと
りょうめんテープ、セロテープ、布ガムテ
マスキングテープ、ボンド、接着剤、ホチキス

ほかはよういするものをみてね！

おとなといっしょに

このマークがついているものは、おとなといっしょにつくりましょう。

古代ケルトでは、10月31日が1年のおわりで、祖先の霊がかえってくるおまつりの日。そのとき、いっしょにやってくる悪霊や魔女などを追いはらうために、人間が、こわいものに変装をするようになったといわれます。

かいぞくアイテム P19

まじょガール P14

かぼちゃおばけ

ハロウィンのオレンジは、かぼちゃ色
かぼちゃのランプは、ジャック・オー・ランタン
へんしんはじめのいっぽは、
ユーモラスなかぼちゃおばけ

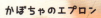

かぼちゃのエプロン

かぼちゃのワンピ

おとなといっしょに

Halloween costume

かぼちゃのワンピ

よういするもの
オレンジのフェルト（70X60センチ）2まい
黒のフェルト（50X50センチ）、ゴム

みどりのリボン
P27

つくりかた

1. 切りとる。
2. うしろとまえをそれぞれうらがわにおりかえしてぬう。
3. 2まいかさねてわきをぬう。
4. すそをうらがわにおりかえしてぬう。
5. ジグザグに切る。黒のフェルト。うらがわにボンドでえりをつける。
6. ゴムをとおす。
7. えりをまえにたおし小さく切ったりょうめんテープでところどころおさえる。
8. かおのかたちに切った黒のフェルトをボンドではる。

おもてにかえす

ゴムをゆるくしておとなのスカートにしてもいいね！

かぼちゃのエプロン（おとな用）

オレンジのリボン
P27

よういするもの
オレンジのほつれにくい布（100X100センチ）
みどりのほつれにくい布（16X100センチ）、リボン
はばの広い黒のマスキングテープ

オレンジの布
1. 4回おる。
   切りとる。
   ひらく
   切りこみ
   左右にひろげる。
5. かおのかたちに切ったマスキングテープをはる。
6. リボンをつける。

みどりの布
2. ジグザグに切る。
3. スカートと同じはばになるようにりょうめんテープでしわをよせスカートのうらからはる。
4. おもてがわにたおして小さく切ったりょうめんテープでところどころおさえる。

7

ブラックスパイダー（黒くも）

つくりかた

よういするもの
むらさきのファーモール(4メートル)
おとな用の黒のくつした2足
手芸わた、白のフェルト、黒のフェルト
黒の長そでTシャツ、黒のスパッツ
黒のぼうし、黒のぐん手、黒のくつした

1 くつした4本に手芸わたをつめる。
　おくまでしっかりつめよう

2 ぬいとめる。
　りょうめんテープ

3 ファーモールをまく。

4 うでにファーモールをまく。　ポイント
　せなか

5 せなかにぬいとめる。

6 糸でつる。
　たまむすび

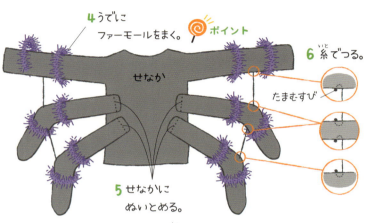

パーティグッズ「くもの巣投げテープ」をつかえば、もりあがるよ

7 足にファーモールをまく。

ポイント
うでと足は、ぴっちりまくと着にくくなるので、着てからまく。前もってじゅんびする場合は、スパッツがのびてもいいように、たるませながらまく。

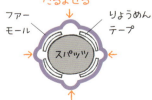
たるませる
ファーモール　りょうめんテープ　スパッツ

ぐん手をつけくつしたをはいてできあがり！

目
白のフェルトと黒のフェルトで目をつくって、黒のぼうしにりょうめんテープではる。
りょうめんテープ
りょうめんテープ

Halloween costume

ふわふわ天使

こわいものいっぱいの
ハロウィン仮装のなかで
天使はあこがれ
　つばさも、天使の輪も
　ふわふわっと、白くてやさしい

天使のドレス

Halloween costume

つくりかた

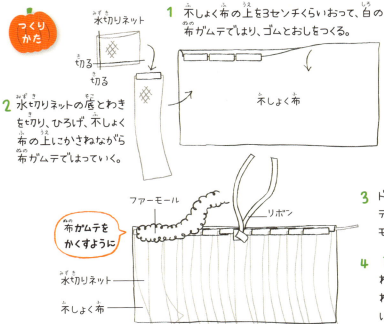

1. 不しょく布の上を3センチくらいおって、白の布ガムテではり、ゴムとおしをつくる。

2. 水切りネットの底とわきを切り、ひろげ、不しょく布の上にかさねながら布ガムテではっていく。

よういするもの

うす手の不しょく布（白 135×60センチ）
ネットタイプの水切りネット（白 28×25センチのもの）15枚
白のファーモール、白のリボン、ゴム
紙ざら、手芸わた、キルト芯
アルミワイヤー（白）、カチューシャ

3. ドレスのまんなかにリボンを布ガムテでつけ、上ぜんたいに白のファーモールをりょうめんテープでつける。

4. 1にゴムをとおして、胸まわりにあわせてゴムをむすび、不しょく布のわきをあわせてりょうめんテープではる。

ドレスのリボンをくびのうしろでむすびそこに、つばさのリボンをむすぶ。

🐱 天使の輪

1. カチューシャにアルミワイヤー2本をつけ、その先に、輪にしたアルミワイヤーをつける。

2. アルミワイヤーの輪に、ほそく切ったキルト芯をまきつけ、さらにりょうめんテープで手芸わたをまきつける。

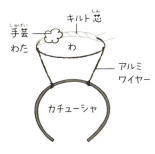

🐱 天使のつばさ

1. 紙ざらを右のようにホチキスでとめ、上にリボンを布ガムテでつける。

2. 全体にりょうめんテープをはり、手芸わたをはりつける。

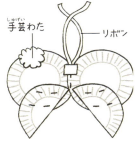

バットボーイ

Halloween costume

よういするもの
- 黒のナイロン系の布
- ぎん色の布
- 黒のながそでTシャツ
- 黒のベロア系の布
- 黒のぼうし、黒のぐん手
- 黒のずぼん、黒のくつした

つくりかた

つばさ

1. ボンドにすこし水をいれてうすめ、ぬりやすくしておく。

   ほそいふでをつかおう

2. ナイロン系の布にかた紙をおき、かたどおりに1のボンドでせんをひき、かわいてから切る。

   ●ポイント ボンドをつけるとほつれないよ

   かた紙 → P62

   黒のナイロン系の布

3. Tシャツのりょうほうのそでからわきにかけて、2をそれぞれぬいつける。

   1センチうしろがわにぬいつけよう

   うしろ

アップリケ

4. ぎん色の布のうらに布ガムテをはり、かた紙どおりに切り、3のむねに接着剤でつける。

   かた紙 → P62

   ぎん色の布　布ガムテ

耳

1. ベロア系の布2まいをボンドではりつけ、かわいてから耳のかたちに切る。2つつくる。

   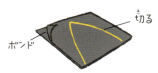
   ボンド　切る

2. 2つとも、まんなかにひだをいれ、布ガムテでとめる。

   布ガムテ

3. 黒のぼうしに2をりょうめんテープではり、ぼうしのすそをめくりあげる。

   めくりあげる

黒のぐん手をつけ黒のずぼんとくつしたをはいてできあがり！

きばのメイク → P29

まじょガール

黒・ぎん・むらさきの
まじょカラーがキュート！
とんがりぼうしはレースがついて
ぐっとおしゃれ

ほうきにまたがれば
とんでいけそう…

Halloween costume

🦇 まじょのスカート 🦇

つくりかた

1. 黒、ぎん色、むらさき色など、まじょのイメージカラーの布を、太さ7センチ、長さ50センチ〜80センチで切る。40本くらい（このみのボリュームになるまで）つくる。

2. 黒のゴムをウエストにあわせて、輪にしてむすび、1をイラストのようにゴムにとめ、1しゅうさせる。

よういするもの
- まじょのイメージの布
- 黒の平ゴム
- あつ紙、黒のがよう紙、ネットタイプの水切りネット（白28×25センチのもの）2枚
- 白のほそいゴム、かざり

長さをかえると立体的にみえるよ

スタンドなどにかけてやるとつくりやすいよ

アイメイク P28

🐈 とんがりぼうし

1. あつ紙と黒のがよう紙を、イラストのサイズに切り、黒のがよう紙の上にあつ紙をはる。

2. 1をまるめてのりしろではり、黒のがよう紙にあつ紙の手まえまで切りこみをいれ、内がわにおりこむ。

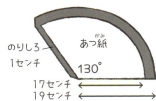

のりしろ 1センチ　あつ紙　130°　17センチ　19センチ

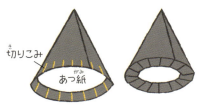

切りこみ　あつ紙

3. 水切りネットの底とわきを切り、ひろげ、さらによこに切る。

4. 3を2の内がわにおりこんだぶぶんに、ひだをつけながらホチキスでとめていく。

5. 3を3〜4本つかって、1しゅうさせたら、かざりをつけ、底にほそいゴムをセロテープでつける。

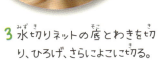
ひらく　切る　切る

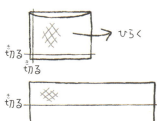
切る

ホチキス

かざり　ほそいゴム

黒ねこにゃーご

ねこ耳としっぽをつけて
おひげのメイクをすれば
にゃーご！
黒ねこは不吉といわれますが、
まじょのかわいいともだちです

よういするもの
黒のチュール大（2メートル×31センチ）
黒のチュール小（2メートル×25センチ）
まるゴム、アルミワイヤー、黒のファーモール
ベロア系の黒い布、カチューシャ

にゃーごスカート

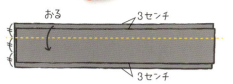

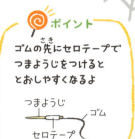

1. 黒のチュール大のまんなかに黒のチュール小をおき、上から1/3のところでおる。

2. 上から1.5センチのところに、とがったえんぴつなどで20かしょあなをあけ、まるゴムをとおす。

3. ウエストにあわせてゴムをむすび、4まいかさなったチュールをひろげ、ボリュームをだす。

ポイント
ゴムの先にセロテープでつまようじをつけるととおしやすくなるよ

たたむとこんなにコンパクト

しっぽはスカートのウエストにはさむ

しっぽ

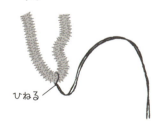
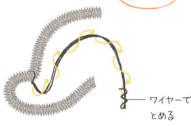

1. アルミワイヤーをまんなかでおり、しっぽのかたちにし、おりかえしのところにファーモールをとおしてひねる。

2. アルミワイヤーにファーモールをまきながらはわせていき、さいごはワイヤーをまきつけ、とめる。

ねこ耳

ベロア系の布のうらに布ガムテをはり、ふたつにおって耳のかたちに切る。これを2こつくり、カチューシャをはさみ、ボンドでつける。

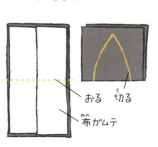

ねこメイク P28

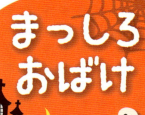

Halloween costume

かおも衣装も まっしろしろ！

思いっきり、まっしろメイクはちょっとくすぐったい

よういするもの
大／160×90センチの白い布
小／140×50センチのガーゼ
白のぐん手

1 白い布とガーゼを半分におり、まんなかにあたまより大きいあなをはさみで切る。
白い布の★のところをボンドでつけて、そでぐちをつくる。

15センチ
大（白い布）
小（ガーゼ）

ガーゼは切りこみをふかくいれる

2 大と小、それぞれすそに4センチくらいのはばで長めの切りこみをいれる（黄色いライン）。はさみですこし切ってから、手でさくとよい。

3 大をかぶり、そでぐちから手をだし、その上から小をかぶる。ぐん手をつけ、まっしろメイクをする。

まっしろメイク → P29

Halloween costume
かいぞくアイテム

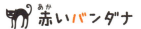
赤いバンダナ

110×40センチの赤い布

りょうめんテープでほつれどめをし、あたまにまく。

きほんアイテムは
赤いバンダナ
ベルト
アイパッチ！

> ボーダーの
> Tシャツと
> Gパンで
> きまりだね！

つくりかた

アイパッチ

布A　布B
←7センチ→　←7センチ→

5センチのあな

> うすい布で
> つくるよ

> つけても
> すけるよ

布Aの上にひもをおき、布Bをボンドでつける。

ひも40センチ（2本）

大きなバックルのベルト

あつ紙をイラストのサイズに切り、金色の布でくるんでボンドでとめる。
黒のフェルトのまんなかにボンドでつけ、せなかにまわし、あんぜんピンでとめる。

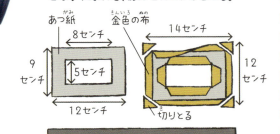

あつ紙　金色の布
←8センチ→　←14センチ→
9センチ　↕5センチ　12センチ
←12センチ→　切りとる

70×7センチの黒のフェルト

くものすスカート

よういするもの
白い布（140×140センチ）
黒い毛糸、ゴム
ふちどりテープ
アルミワイヤー、黒のモール
カチューシャ

 つくりかた

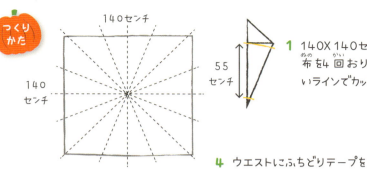

1. 140×140センチの布を4回おり、黄色いラインでカットする。

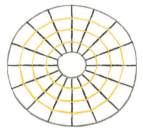

2. 1でおった16本のおり目（黄色いライン）の上に、黒い毛糸を接着剤でつける。

3. つぎにウエストとすそのあいだ3周に、黒い毛糸を接着剤でつける。

4. ウエストにふちどりテープをぬいつけ、ゴムをとおし、ウエストにあわせてむすぶ。

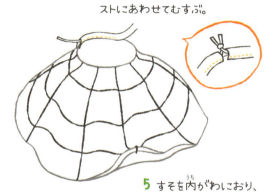

5. すそを内がわにおり、ボンドでとめる。

 しょっかく

くものすメイク P28

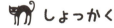
まるめる
ひねる

1. アルミワイヤーをカチューシャにこのように固定する。先は小さくまるめる。

わかりやすくオレンジと黄色でかいてるよ

2. アルミワイヤーがかくれるように、黒いモールを2本ずつからめる。

バンパイヤ
（吸血鬼）

バンパイヤって、しってる？
吸血鬼、ドラキュラ伯爵…

こわくてかっこいい

ハロウィンのヒーロー

白いシャツと黒いズボンでできあがり！

おとなといっしょに

Halloween costume

🦇 バンパイヤマント 🦇　※単位はセンチ

1. 黒い布を〈マントサイズ〉で切り、○どうし、●どうしをそれぞれあわせボンドでとめる。

2. むらさきのリボンを★にはさみボンドでつける。はんたいがわも同じ。

3. 黒い布と赤いフェルトをボンドではりあわせ、〈えりサイズ〉に切る。

4. 2と3をあわせぬい、えりをたてる。

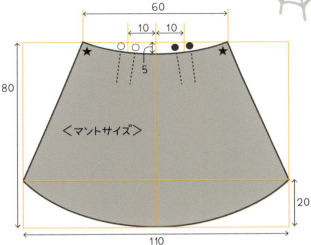
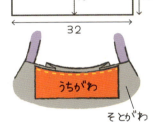

つくりかた

よういするもの
ほつれにくい黒い布、赤のフェルト
むらさきのリボン（3.5×80センチ）2本
黒のフェルト、あつ紙、赤いスカーフ

きばのメイク → P29

🐈 バンパイヤハット

1. あつ紙と黒のフェルトをボンドではりあわせ、つつになるようにのりしろで輪にする。この直けいを★とする。

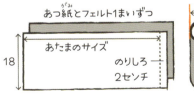

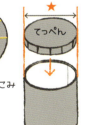

2. ★にのりしろ2センチをたしたサイズにフェルトを切り、のりしろぶぶんに切りこみをいれ、1のうちがわにボンドでつける。

3. 直けい35センチの円にフェルトを2まい切りボンドではりあわせ、★のうちがわの黄色いラインのところに切りこみをいれる。

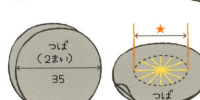

4. 3の切りこみを1のうちがわにいれてボンドではり、さらに布ガムテでおさえ、そとがわに赤いスカーフをまく。

ほねほね スケルトン

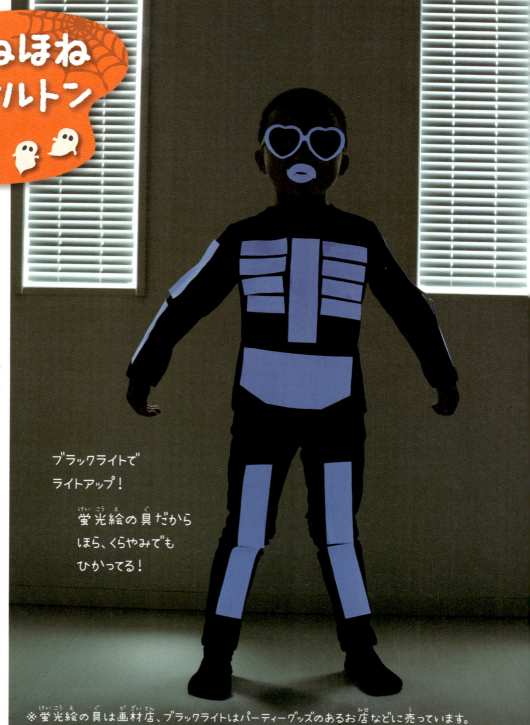

ブラックライトで
ライトアップ！

蛍光絵の具だから
ほら、くらやみでも
ひかってる！

つくりかた

ほね
白い紙に白い蛍光絵の具をぬり、かわいたらほねのかたちに切り、黒いようふくにりょうめんテープではる。

めがね
おもちゃのめがねのふちに白い蛍光絵の具をぬり、よくかわかす。

くちびる
ばんそうこうに白い蛍光絵の具をぬり、くちびるのかたちに切ってはる。

そして
ブラックライトでてらす！

※蛍光絵の具は画材店、ブラックライトはパーティーグッズのあるお店などに売っています。

みんなでおばけ

みんなであそぼう
おばけごっこ！
ちゃんと見えるから、
こわくないよ

Halloween costume

つくりかた

1
シーツを正方形に切り、かぶって目のいちをきめる。

2
黒いうす手の布を2まい、目のかたちに切り、それより小さいあなをシーツにあけ、ふちにボンドをつけて目をはる。

3
赤い布で舌をつくり、シーツにはる。

25

あたまかざり

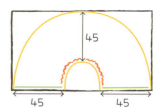
おばけぼうしと
かぼちゃぼうし

あたまかざりで
いつでもへんしん！

つくりかた

1 70×120センチの不しょく布を黄色いラインでカットする。おばけは白、かぼちゃはオレンジ色。

2 6センチはばのあつ紙を、あたまのサイズの輪にする。

3 1のみどりのラインをりょうめんテープでつなげ、赤いラインをつまんで、輪ゴムでしばる。

うちがわにいれる　そとがわにだす

4 3のまんなかに2をおき、しわをよせながら3を2に布ガムテではりつけていく。

対角にはっていく

5 不しょく布をまるめたものをなかにつめ、がよう紙でかおをつくり、りょうめんテープではる。

マスキングテープ
モール
不しょく布

Halloween costume

🐈 こうもりカチューシャ

※単位はセンチ

つくりかた

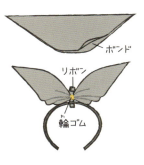

すこしカーブさせる
35
30
40

ボンドではるとしっかりするしほつれないよ

1. 黒い布をサイズどおりに切り、半分におってボンドではりあわせる。

2. まんなかにギャザーをよせて輪ゴムでとめ、カチューシャにつけてリボンをまき、ボンドでとめる。

🐈 みどりのリボン

1. みどりの布を3つおりにして、まんなかをモールでしばる。

モール

2. しばったモールにカチューシャをとおす。

🐈 オレンジのリボン

1. オレンジのリボンを3かいまき、まんなかに切りこみをいれ、モールでしばる。

切りこみ

2. リボンをひねりながら、1まい1まいおこし、しばったモールで、カチューシャにとめる。

27

フェイスペイント

はじめてのメイクは、ハロウィンで！
かわいいかぼちゃも、ぶきみなくもも、
どちらも人気です！

※はだにあわないときは、すぐやめましょう

アイライナー
おかあさんからかりちゃおう！

黒ねこにゃーご P16
はなは
めんぼうで。

まじょガール P14
はじを
はねあげる。

くものすガール P20
4本せんをかき、あいだに
カーブさせたせんをかく。

ミラクルペイント
フェイスペイント用の絵の具で、
はじをつまんで引っぱれば、
シールのようにはがせます。

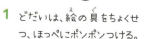

1 どだいは、絵の具をちょくせつ、ほっぺにポンポンつける。

2 かおやぼうしなどこまかいところは、めんぼうやつまようじでかく。

※ミラクルペイントは100円ショップでも売っています。

Halloween costume

ぼう水フィルムとうめいばんそうこう
はがすときは、ベビーオイルをつけて！

ぼう水フィルムやばんそうこうのとうめいなところに、ペンで絵をかき、はさみで切ってかおにはる。

くも

かた紙
P62

こうもり

フェイスペイント用絵の具
おもいきって、かおを白くしてみよう！

まっしろおばけ
P18

おばけメイク
1 白い絵の具を水でうすめて、メイク用のスポンジでポンポンうすくつけ、仕上げにベビーパウダーをたたく。
2 黒の絵の具を水でうすめて、メイク用のスポンジで目のまわりにポンポンつける。

きばメイク
ほそいふでで、白い三角をかき、つまようじで黒くふちどる。

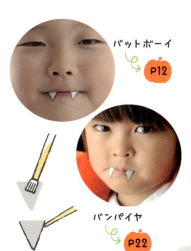

バットボーイ
P12

バンパイヤ
P22

※フェイスペイント用絵の具は、パーティーグッズのあるお店などで売っています。

25センチ

1
1/4円の黒の
あつ紙をまるめ、
のりではる。

2
直けい18センチの
円のまんなかに、黄
色いラインどおりに
切りこみをいれる。

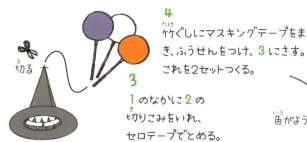

3
1 のなかに 2 の
切りこみをいれ、
セロテープでとめる。

4
竹ぐしにマスキングテープをま
き、ふうせんをつけ、3 にさす。
これを2セットつくる。

5
色がよう紙でフラッグを
つくり、ぼうしにつける。

マスキングテープ
色がよう紙
もじのコピー
（HALLOWEEN）

ぼうしとふうせんと フラッグをかざろう！

テーブル
デザイン！

立体てきにすると
たべものがよく見えるよ

おさらをかさねて 立体てきに見せる！

うごかないように、ガムテープ
でおさらやコップをくっつける。

ベタベタ
した方を
そとがわに

さかさにする

てんじょうにはふうせん！

ヘリウムをつかわなくても、テープでてんじょうにはりつけちゃおう！

りょうめんテープ

ふうせんに紙テープをつけて、すそをえんぴつでまいて、カールさせる。

Halloween Party

うしろはたかく！

のりなどのつつのいれものに、黒のがよう紙をまく。

あつ紙をつつのようにまるめてもいいね

ジュースのびんにかおをつけて！

テーブル
アクセサリー

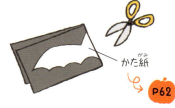

かた紙 → P62

接着剤

ながめの
黒のピック

竹ひごでも
OKだよ！

こうもり
ピック

1 黒のがよう紙をはんぶんにおって、かた紙どおりにこうもりのかたちに切り、接着剤でピックにつける。

2 おさらにプチシューをたかめにもりつけ、こうもりピックをさす。

Halloween Party

マフィンカップ

1 紙コップに市はんのマフィンをいれてみて、高さをかくにんする。

2 紙コップの底を切りとり、マフィンの高さまで切りこみをいれる。

底を切りとる
マフィンの高さ

3 切りこみをたおして、りょうめんテープで切りとった底をはる。

底をはる

4 別の紙コップをひらいてかた紙にし、ハロウィンのイメージの紙をかた紙どおりに切って、3 にはる。

キラキラピック

キラキラしたおり紙をほしがたのパンチでぬき、接着剤でつまようじにつける。

マスキングテープでもかわいいね

マスキングテープをいちど紙にはってからパンチでぬき、接着剤でつまようじにつける。

ハロウィン パッケージ

いつものおかしも
くふうすれば
ほら！こんなにハロウィン！

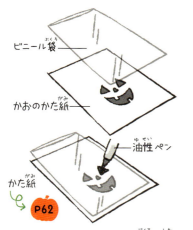

おかしをいれるビニール袋の下に
かおのかた紙をしき、ペンでうつし、
おかしをいれて、リボンをかける。

Halloween Party

くもさん パッケージ

よういするもの
ぼうつきキャンディー
黒いビニール袋
黒のモール

1. 黒いビニール袋をまるく切り、ぼうつきキャンディーをくるみ、セロテープでとめる。

2. 黒のモールをくびれでひねり、ひろげる。4本くりかえし、くものかたちにととのえる。

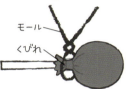

こうもりさん パッケージ

よういするもの
ウッドピンチ、黒のマスキングテープ
白のペン、ビニール袋、黒いおかし

1. ウッドピンチに黒のマスキングテープをはり、上のぶぶんをうらがわにおってはり、黄色のせんでカットしてみみをつくり、白のペンで目をかく。マスキングテープがはみだしたところはカットする。

2. ビニール袋におかしをいれ、イラストのようにおり、セロテープでとめる。まんなかにギャザーをよせ、1でとめる。

いれものでグー！

おはな紙と
マスキングテープの
くみ合わせを
たのしんで！

かぼちゃパッケージ

おはな紙でおかしをつつみ
マスキングテープでまいてとめる。
黒のマスキングテープで
かおをつくってはる。

マスキングテープで
もようをつけても
かわいいね

まじょのほうきパッケージ

 つくりかた

1 小さなビニール袋におかしをいれて、ストローにセロテープでつける。

2 黒の紙ナプキンを3回おって、黄色いラインを切ってひろげる。

黒の紙ナプキン
3回おる
切る

3 1にセロテープでつけ、下におろし、リボンをむすぶ。

下におろす　セロテープ　リボン

ストローに ハロウィンマーク

ボトルには、黒のマスキングテープでかおをつくってはる。

つくりかた

ペットボトルぼう
黒のがよう紙
ペットボトルのふた
のりではる
マスキングテープ

Halloween Party

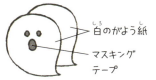

おばけストロー
ストローをはさんでのりではる
白のがよう紙
マスキングテープ

こうもりストロー
ストローをはさんでのりではる
黒のがよう紙

ぼうしストロー
ストローをとおす
はる
マスキングテープ

ペットボトルぼう　おばけストロー　こうもりストロー　ぼうしストロー

かた紙 P63

なまえをかいておけばだれのかわかるね

コップに ハロウィンマーク

色がようしをはんぶんにおってかた紙どおりに切りコップにはさむ。

かた紙 P63

Halloween Goods

おへやを かざろう！

ウエルカムBOO！

よういするもの
とうめいのふうせん
1リットルサイズの
ペットボトル、はりがね
白い布、ひも、色がようし
黒のマスキングテープ

つくりかた

黒のマスキングテープ
白い布
ふうせん
セロテープ
ペットボトル
はりがね
ひも
色がようし
マスキングテープ

まどぎわにおくとすけるよ

くものすみか

よういするもの
黒のモール4本
オレンジのモール1本
黒のひも

　くも

1 黒のモールを4本いっしょにまんなかでおり、★のあたりでひねる。

2 オレンジのモールをくびれにまき、足をたててくものようにととのえる。黒のひもでつるす。

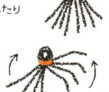

つくりかた

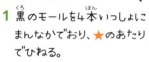　くものす

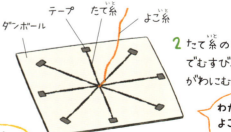

1 つくりたい大きさにダンボールをカットし、そこに黒の毛糸を4本、テープではる。これをたて糸とする。

2 たて糸のまんなかをよこ糸でむすび、さらにすこしそとがわにむすぶ。

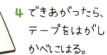
わかりやすくするためよこ糸をオレンジ色にしています

3 このように、たて糸によこ糸をくぐらせながらまいていき、さいごはたて糸にむすぶ。

よういするもの
黒のほそめの毛糸
ダンボール、テープ

4 できあがったら、テープをはがしかべにはる。

Halloween goods

こうもりのすみか

🦇 **木（き）にとまるこうもり** 🦇

黒（くろ）のリボンをえだにむすび
ななめにカットする。

🦇 **かべにとまるこうもり** 🦇

1. 半分（はんぶん）におった黒（くろ）のがよう紙（がみ）を
かた紙（がみ）どおりに切（き）りぬく。

かた紙（がみ） → P63

2. おった山（やま）に
りょうめん
テープをつけ、
かべにはる。

つばさをうかせて
はるのがポイント

スタンドのなかに
はるのもおすすめ！
あかりをつけて
サプライズ！

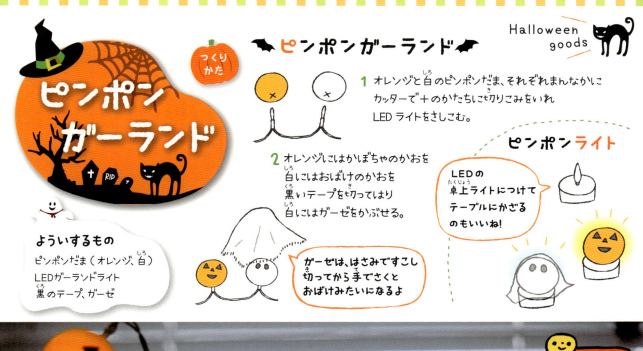

よういするもの
白いふうせん、ひも
黒のふとめのマスキングテープ、がよう紙

黒のふとめのマスキングテープ

がよう紙

1 白いふうせんに、黒のふとめのマスキングテープで目とくちをつくってはる。

2 がよう紙で手を2まいつくり、りょうめんテープではる。

3 てんじょうからつるす。

しょくぶつにつるしてもいいね

バリエーション

手でさいたガーゼをかぶせて、てんじょうからつるす。

ガーゼにあなをあける

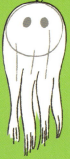

竹ひごをつけてねん土がはいったびんにさしてゆかやテーブルにおこう

ゆらゆらおばけ

Halloween goods

🦇 たましいライト 🦇

1 ワイヤーつきのびんにりょうめんテープをはり、手芸わたをたっぷりつける。

2 なかにLEDライトをいれ、リボンでつるす。

 つくりかた

よういするもの

たましいライト
ワイヤーつきのびん
手芸わた、リボン
LEDライト

パンプキンライト
ひくめのびんとふた
オレンジの色ねん土
黒の色ねん土
LEDライト

びんライト

🦇 パンプキンライト 🦇

1 ひくめのびんにオレンジの色ねん土を、まるくかたちをつけながらはりつける。

2 ふたにも黒の色ねん土をはりつけ、ぼうしのかたちをつくる。

3 じょうぎなどでたてに8本すじをつけ、カッターで目とくちをくりぬく。

4 LEDライトをいれ、ぼうしのふたをかぶせる。

たましいライト

パンプキンライト

スイートパンプキン

つくりかた

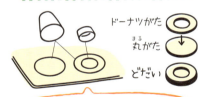

やわらかくした かぼちゃ / バニラアイス / さとう
かわはあとでつかうよ

1 かぼちゃを電子レンジでやわらかくして、あついうちにかわをとってつぶす。バニラアイスとさとうをくわえ、よくまぜて、冷ぞうこで冷やす。

ドーナツがた / 丸がた / どだい

パイシートがベタベタしてきたら、小麦粉をすこしつけるといいよ

2 冷とうパイシートを、コップとペットボトルのふたでぬき、丸がたの上にドーナツがたをかさねて、どだいをつくる。

おとなといっしょに

よういするもの
かぼちゃ1/4こ、バニラアイス 1/3こ
さとう（このみで）、冷とうパイシート
たまご1こ、チョコペンシル

直けい5センチくらいのコップ
ペットボトルのふた

8こくらいつくれるよ

どだいにもぬろう

3 1のかぼちゃを3センチくらいにまるめ、2のどだいのまんなかにのせる。といたたまごをゆびでぬり、200度のオーブンで10〜15分やく。

4 1でとっておいたかぼちゃのかわを、さんかくに切って、3にさす。チョコペンシルでかおをかく。

デコプリン

Let's cook!

よういするもの（プリン）
たまごの黄身2こ分、牛乳200ミリリットル
生クリーム150ミリリットル、さとう大さじ3
メープルシロップ（てきりょう）
水にとかさなくてもいいタイプのゼラチン
（かりゅうタイプ）5グラム

5こくらいつくれるよ

プリンのつくりかた

1. プリンカップの底にメープルシロップをいれ、冷とうこにいれてかためておく。
2. ボウルに、たまごとさとうをいれ、すりまぜる。
3. 牛乳と生クリームをまぜ、電子レンジで70度くらいにあたためたら、ゼラチンをいれてよくとかす。
4. 2のボウルに3をすこしずついれてよくまぜ、ザルでこして冷ます。
5. 1のカップにそっといれて、冷ぞうこで冷やしてかためる。

おばけプリン

デコレーション

おばけプリン
ホイップクリームをしぼり器でしぼり、チョコペンシルでかおをかく。

ホイップクリームは生クリームにさとうをくわえてホイップしたもの

くものすプリン
ホイップクリームをしきつめ、チョコペンシルで三重にまるをかく。

つまようじでまんなかからそとがわに、せんを8本ひく。

市はんのプリンにデコレーションだけしてもGOODだね！

くものすプリン

かぼちゃプリン
かんづめのみかんを3つのせ、小さなはっぱをかざる。

かぼちゃプリン

なかには
かぼちゃが
はいってるよ

ハロウィンバーガー

つくりかた

1. 電子レンジでかぼちゃをやわらかくし、2センチくらいに切っておく。

2. ●をすべてまぜあわせ、よくねって、1のかぼちゃをつつんで、4センチくらいにまるめる。

手にあぶらをつけてまるめるとくっつかないよ

3. なべにお湯をわかし、2をゆでてとりだす。

4. ○を電子レンジであたため、3にからめる。

5. ロールパンをよこにカットし、下がわのパンに4をのせ、とろけるチーズをのせて、トースターでチーズがかるくとけるまでやく。

とろけるチーズ

とろ〜りとけたチーズはおばけのイメージ！

6. 小さく切ったプチトマトとクレソンをのせて、5で切った上がわのパンをかぶせてピックをさす。

おとなといっしょに

15こくらいつくれるよ

よういするもの

〈ミートボール〉
- ●あいびき肉　200グラム
- ●ケチャップ　大さじ2
- ●たまねぎ（みじん切り）1/3こ
- ●かたくり粉　大さじ1
- ●しお・コショー　少々

〈ケチャップソース〉
- ○ケチャップ　大さじ2
- ○ソース　大さじ1/2
- ○さけ　大さじ1/2
- ○しょうゆ　小さじ1
- ○さとう　小さじ1

かぼちゃ
ロールパン
とろけるチーズ
プチトマト
クレソン

Let's cook!

プチサンド

かた紙 P63

かぼちゃクリーム★ をつくっておく
かぼちゃを電子レンジでやわらかくして、あついうちにかわをとってつぶす。バニラアイスとさとうをくわえ、よくまぜる。

つくりかた

1. 8まい切りの食パンをコップでまるくぬき、かぼちゃクリーム★ をはさむ。

2. かおのかたちをくり抜いた紙を、プチサンドの上におき、茶こしでココアをふりかけ、ピックをさす。

おばけチップス

おとなといっしょに

つくりかた

1. ぎょうざのかわにコップをあててナイフで切る。

ぎょうざのかわ　切るライン

2. ほそいストローで目を、ふといストローでくちをぬき、ナイフで切りこみをいれる。
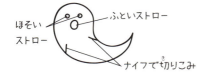
ほそいストロー　ふといストロー　ナイフで切りこみ

3. あぶらであげて、かぼちゃサラダ★ にかざる。

かぼちゃサラダ★ をつくっておく
電子レンジでかぼちゃをやわらかくしてあついうちにつぶし、コンソメとマヨネーズであじをつける。

マシュマロおばけ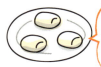

1 マシュマロを電子レンジで10〜15秒、マシュマロがプクッとふくらむくらいあたためる。

おさらに3こくらいずつあいだをあけておいてね

2 ゆびに水をつけ、マシュマロが冷めるまえにつまむ。

3 冷めたらチョコペンシルでかおをかき、オレオの上にのせる。

つまようじでかくといいよ

ポイント

ハロウィンマフィン

市はんのマフィンにデコレーションしよう！

※ホイップクリーム
生クリームにさとうをくわえてホイップしたもの

つくりかた

かぼちゃデコ

ペットボトルのふたでまるくぬく・ナイフ・スプーン・ナイフ・ストローをつぶす

冷とうパイシートをかぼちゃの形にぬき、トースターでやき、ホイップクリーム※の上にかざる。

くものすデコ

アルミホイルの上にチョコペンシルでくものすをかき、冷やしかためて、ホイップクリーム※の上にかざる。

かぼちゃシュー

Let's cook!

よういするもの
- さとう　大さじ4
- 小麦粉　大さじ1
- 牛乳　20ミリリットル
- たまご　2こ
- バニラエッセンス
- かぼちゃ　130グラム
- チョコペンシル

つくりかた

かんたんなほうほうでつくるよ

カスタードクリームをつくる

1. ボウルにさとうと小麦粉をいれてまぜ、牛乳をすこしずついれて、だまにならないようしっかりまぜる。

2. たまごをいれてよくまぜ、ラップをして電子レンジに1分半かけてとりだしてまぜ、さらに1分半かけとりだしてまぜ、とろみがついたらバニラエッセンスをいれ、冷やす。

　レンジOKのボウルをつかってね

　まだゆるかったら30秒ずつかけてようすをみよう

かぼちゃのピューレをつくる

小さく切ったかぼちゃを電子レンジでやわらかくなるまであたため、かわをとってあついうちにつぶし、なめらかになるまでよくねり、冷やす。

かわはあとでつかうよ

+ かぼちゃクリームをつくる

カスタードクリームとかぼちゃのピューレをよくまぜる。

しあげ

1. 市はんのシュークリームをほうちょうでよこに切りとり、かぼちゃクリームをしぼりいれ、切りとった上のシュー生地をかぶせる。

2. チョコペンシルでかおをかき、かわをさんかくに切ってさす。

おとなといっしょに

みんなであそぼう ハロウィンゲーム

園や児童館で楽しもう！

ふうせんキャッチ！

1. 保育者がとばしたふうせんをとんがりぼうしでキャッチしかごまではこぶ。
2. かごにふうせんをいれて、ゴールする。

ふうせん
ペンでかおをかく

おとさないように

そっとそっと

かご

やった！

ゴール！

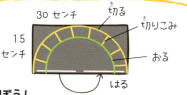

30 センチ　切る
15 センチ　切りこみ
おる
はる

とんがりぼうし
15×30センチの黒のがよう紙を半円に切り、円すい型にまるめ、のりではる。黄色いラインに切りこみをいれ、みどりのラインでそとがわにおる。

ハロウィンおにごっこ

おにごっこ、十字おに、手つなぎおに、こおりおになど、いつものルールはそのままに、衣装やグッズで、ハロウィンをたのしもう！

フラッグで仕切り
にげるスペースを区切る。黒いすずらんテープに、黒・白・オレンジ・紫の色上質紙をさんかくに切って、セロテープやホチキスでとめる。コーンにつないで、仕切りにする。

チュール、キュプラなど

おに
こうもり男、かいぞく、バンパイヤなどの衣装で。（つくり方p12、19、22）走りまわるので、マントだけなどかるくてかんたんにできるよう、くふうしよう！

にげる人
かぼちゃのワッペンをつける

きゃー！
タッチ！
あ！
にげろにげろ！
うしろ！
きゃー！

アシスタント
ねこの耳とフェイスペイントなど。（つくり方p17、28）ワッペンをつけたり、参加賞をわたしたりする。

こうもりのすみか
おにつかまった人が、まつところ

つかまった人
こうもりのワッペンをつける

参加賞／かた紙（p62-63）から、こうもりやかぼちゃの絵をかいてハロウィンカードに！
賞品／キャンディなど、ハロウィンパッケージで。（P36-38）

おかしバッグをもって まちへでかけよう！

🦇 バケツバッグ 🦇

1. 100円ショップでうってる小さなおもちゃのバケツをオレンジ色のクレープ紙でつつみ、もち手は、ほそく切ったみどりのクレープ紙をまき、テープでとめる。

2. モールのりょうはじに、ほしのかたちに切った色がよう紙をボンドでつけ、バケツのもち手にねじってとめる。
えんぴつにまきつけてカールさせたモールも、バケツのもち手につける。

2まいでモールをはさむ

🦇 フェルトバッグ 🦇

1. 直けい60センチのまるく切ったフェルトのはじから4センチのところに、2センチの切りこみを16かしょいれ、こうごにリボンをとおす。（黄色いライン）

2. リボンをしぼり、かたちをととのえて、ちょうちょむすびにする。
★のリボンにふといモールをつけ、もち手にする。

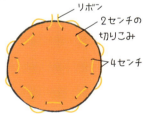

リボン
2センチの切りこみ
4センチ

上から見たところ

おかしラリー＆パレード
ハッピーハロウィン！
おかしをくれないと、いたずらしちゃうぞ！ Trick or Treat!

「トリック オア トリート」「ハッピー・ハロウィン」は、であいのあいさつ
へんしんとメイクで、じぶんをわくわくさせて、
みんなで、まちをパレード！
秋は、ハロウィンで
あそんじゃおう！

地域や商店街でのハロウィン・イベントがふえています。
仮装コンテストやおかしラリーに参加したり…
近所のかたに、おかしをわたしてもらうよう、おねがいしておくなど、
じぶんたちで、企画することもできます。
地域のかたがたとなかよくなるイベントです。

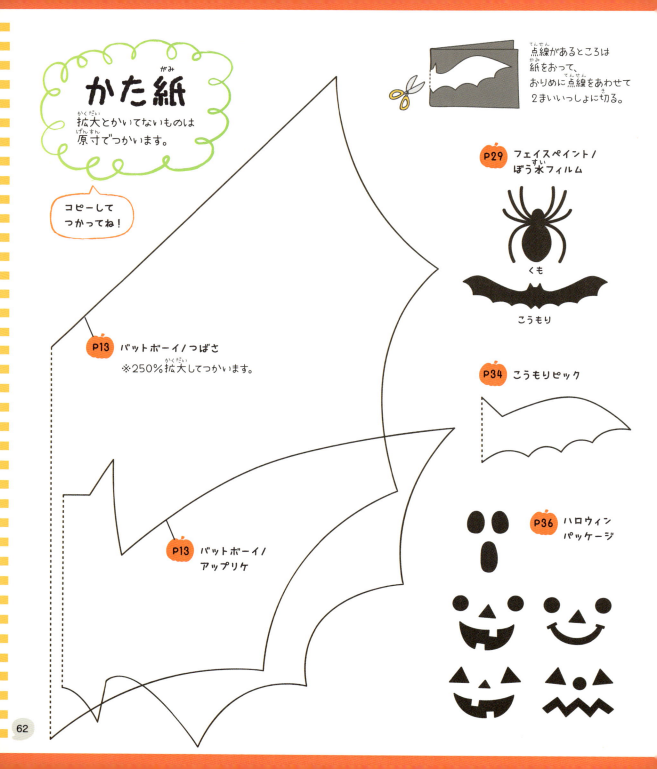

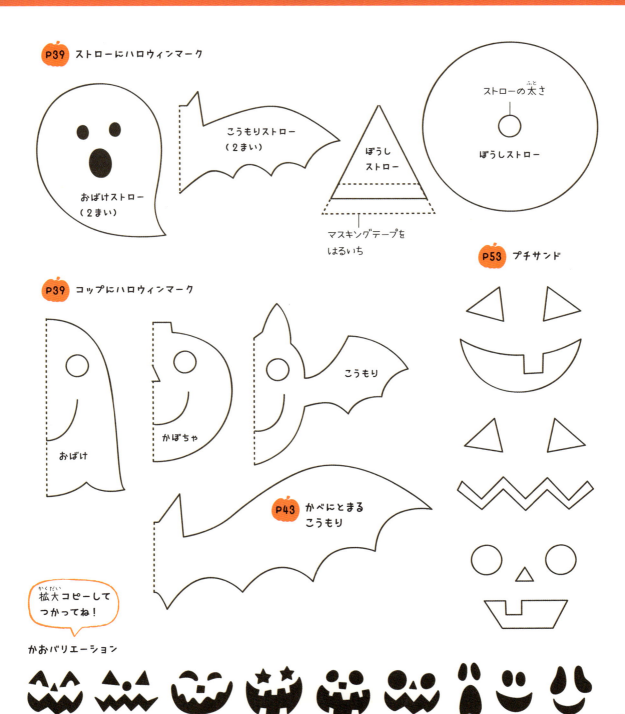

🎃 コダシマ アコ　プロフィール

イラストレーター・デザイナー。
岩手県盛岡市生まれ。東海大学教養学部芸術学科卒業後、デザインプロダクションを経て、24歳のときに友人4人とデザイン会社「ヴィ・コラージュ」設立。
工作・手芸・料理…手づくりオール大好き！のモットーは「たのしく、かわいく、かんたんに！」。
本書は、『まるごとクリスマス スペシャル』『まるごときせつの行事』（ともに、かもがわ出版）に続き、製作・イラスト・デザインのすべてを手がけた3冊目の単行本。家族みんなと、地域の子どもたちやママさん仲間の協力のもとに生まれた本です。

Ｅメール　vcako@me.com

写真撮影　みやづ かなえ（宮津かなえ）
イラスト・デザイン　コダシマ アコ
撮影協力　宮﨑ファミリー
撮影モデル　あゆみ　りくう　ゆり　るきあ　モンロー未来
参考文献　『ハロウィーンの文化誌』リサ・モートン著　大久保庸子訳　原書房

まるごとハロウィン

2016年9月30日

著　者　©コダシマ アコ
発行者　竹村正治
発行所　株式会社　かもがわ出版
　　　　〒602-8119　京都市上京区堀川通出水西入
　　　　TEL 075-432-2868　FAX 075-432-2869
　　　　振替　01010-5-12436
　　　　ホームページ　http://www.kamogawa.co.jp
印刷所　シナノ書籍印刷株式会社
ISBN 978-4-7803-0865-5　C0037